글·그림 노은주

한양대학교 경영대학원을 졸업한 뒤, 꼭두일러스트교육원에서 그림책을 공부했습니다. 현재는 한국과 캐나다를 오가며 두 아이의 엄마이자 어린이책 일러스트레이터로 활동하고 있습니다. 쓰고 그린 책으로는 《한글이 우수할 수밖에 없는 12가지 이유》, 《학교가 즐거울 수밖에 없는 12가지 이유》가 있고, 그린 책으로는 《기다려, 오백원!》, 《쌍둥이 아파트》, 《하루와 치즈고양이》, 《이상하게 매력있닭!》, 《버럭 임금과 비밀 상자》, 《공부를 해야 하는 12가지 이유》, 《외계인을 잡아라!》, 《우리 사부님이 되어 주세요》 등이 있습니다.

책이 스마트폰보다 좋을 수밖에 없는 12가지 이유

노은주 글·그림

1판 1쇄 2019년 2월 11일
1판 4쇄 2023년 12월 5일

펴낸이 모계영　**펴낸곳** 가치창조

출판등록 제406-2012-000041호
주소 경기도 고양시 일산동구 중앙로 1347 쌍용플래티넘 228호
전화 070-7733-3227　**팩스** 031-916-2375　**이메일** shwimbook@hanmail.net
ISBN 978-89-6301-168-4 77810

ⓒ 노은주 2019

- 이 책의 저작권은 저자와 가치창조 출판그룹에 있습니다.
- 저작권법에 따라 무단전재 및 복제를 금합니다.

가치창조 공식 블로그 http://blog.naver.com/gachi2012
단비어린이는 가치창조 출판그룹의 어린이책 전문 브랜드입니다.

제조자명: 가치창조　제조국명: 대한민국　사용연령: 8세 이상
KC마크는 이 제품이 공통안전기준에 적합하였음을 의미합니다.

책이 스마트폰보다 좋을 수밖에 없는 12가지 이유

노은주 글·그림

단비어린이

작가의 말

어릴 때 인형 놀이를 하는데 인형 옷을 만드는 것이
너무 재미있어서 온종일 인형을 갖고 놀았어요.
어릴 적 꿈은 의상 디자이너였지만,
어른이 되어 저는 항공사의 승무원으로 일했고,
세상 곳곳을 여행하며 새로운 것을 보게 되었지요.
그 경험으로 다양한 회사에서 서비스 교육 강사로도 일을 했습니다.
현재는 제가 좋아하는 그림 그리는 일을 하고 있고,
그림책 작가로 활동하는 것이 너무 행복합니다.
여러분은 어떤 일을 하고 싶으세요?
아직 꿈이 없나요?
다양한 경험과 생각을 통해 여러분의 미래를 만들어 갔으면 좋겠어요.
여러분 손에 있는 스마트폰을 잠시 내려놓고 책을 펴 보아요.
책은 생각하는 힘을 키워 주고 세상을 더 넓게 보는 눈을 만들어 주지요.
책을 읽고 상상하고 생각해 보세요.
여러분의 생각이 여러분을 멋진 미래로 안내해 줄 거예요.

여러분과 늘 책 친구가 되고 싶은

동화 작가 **노은주**

등장 인물 소개

1 충전이 필요 없어.
전기가 없어도 어디에서든 펼쳐 볼 수 있지.

2 책으로 재미있는 놀이를 할 수 있어.

"자, 시작한다!"

집도 만들고,

성도 만들고 말이야.

"오, 긴장돼."

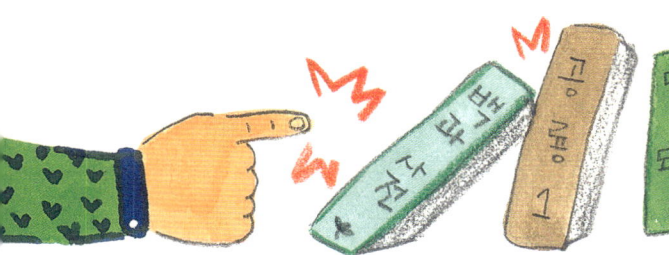

3 책을 읽으면 잠도 솔솔 잘 오지.

스마트폰에서는 파란빛이 나오는데 이 빛을 블루라이트라고 한단다. 이 빛을 오래 쬐면 시력이 나빠지고 우리 몸의 호르몬에 영향을 줘서 우리가 깊은 잠을 못 자게 돼. 잠자기 전에는 스마트폰을 멀리 해야 해. 우리가 깊은 잠을 자야 우리의 뇌도 건강해지니까.

특히 재미없는 책을 읽을 때 말이야.
나는 책을 베고도 잘 수 있어.

4
책은 떨어져도 괜찮아.

5 책에는 전자파가 없어.

나는 전자파!

아이고, 내 몸이 이상해!

우리가 생활하는 곳에는 많은 전자 기기가 있어. 전기가 흐르는 곳은 전자기장이 있고, 우리는 전자파에 노출되어 있단다. 전자파에 오랫동안 노출되면 우리 몸에 안 좋은 변화가 생겨. 나른하기도 하고 불면증이 생기고 신경이 예민해지지. 힘이 없어지고, 백혈병, 암, 알츠하이머병, 기형아 출산 같은 병도 얻을 수 있어. 전자파는 눈에 보이지 않기 때문에 더 위험해.

나무로 만들었거든.

6 가끔은······

책 속의 주인공이 되어 모험을 떠나기도 해.

7 책 속의 주인공은 포기하지 않아.

천천히 읽어도 돼, 천천히 가도 되니까.
가끔 우리에게는 쉼이 필요하단다.

9
책은 소중한 사람과 함께 나눌 수 있어.

친구가 원한다면 나는 언제든지 책을 빌려줄 거야.

척추 휘는 증상
거북목 증상
전두엽 기능 상실
눈 손상
손목 터널증후군
운동 부족 근력 부족

전두엽 위치.

전두엽은 우리 머리의 앞쪽에 있는 뇌야.
전두엽은 감정, 운동, 지적 기능을 담당해.

10 운동을 하면 근육이 튼튼해지고

스마트폰을 장시간 사용하면 전두엽이 발달할 수 없단다.
전두엽의 발달이 늦어지면 우울증과 반사회적 성향이 생기기도 해.
지적 능력에 문제가 생겨서 ADHD증후군*이 생길 수 있어.

*ADHD증후군: 주의력이 떨어지고 행동이 부산해서 학교생활이나 공부 등 정상적인 생활이 불가능해지는 장애.

도대체 뭐가 문제야? 전두엽이 먼데?

책을 읽으면 뇌가 튼튼해진단다.

만약에 중독이 된다면 작가나 학자가 될 수 있어.

스마트폰을 만든 스티브 잡스도, 컴퓨터 프로그램을 만든 빌 게이츠도 책을 많이 읽었어.
만약 스티브 잡스가 책을 읽지 않았다면, 빌 게이츠가 책을 멀리했다면
스마트폰도 컴퓨터 프로그램도 발명되지 않았을 거야.

창의력은 그들이 경험했던 것을
새로운 것으로 연결할 수 있을 때 생겨납니다.
그러한 경험은 그들이 다른 사람보다
많은 경험을 하고 그들의 경험에 대해서
더 많이 생각하기 때문에 가능한 것입니다.
- 스티브 잡스

책은 언제 처음 만들어졌을까?

알아보자!

책을 만들기 오래전에 사람들은 동굴 벽에 그림을 그리기 시작했어. 서로 소통하며 그림이나 기호를 벽에 그려 기록을 남겼지.

동굴 벽화

기원전 3000년경에 제작한 메소포타미아의 점토판과 이집트의 파피루스도 있단다. 점토판 책은 흙을 넓게 빚어서 그림을 그리고 불에 구웠는데 무겁다는 단점이 있지.

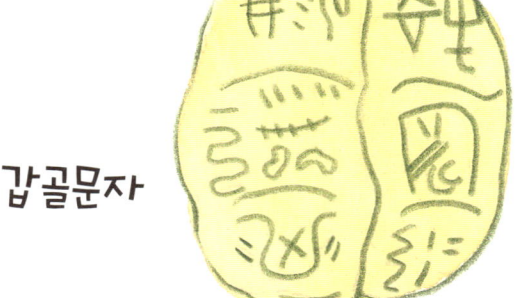

갑골문자

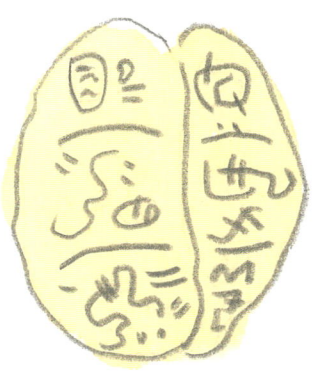

책이 너무 무거운 거 아니야?

갑골문자는 중국 은나라 시대(기원전 15세기~기원전 11세기)의 상형 문자*인데 거북의 등딱지나 짐승의 뼈에 새긴 글자로 한자의 가장 오래된 형태이기도 해.

*상형 문자: 사물의 모습을 본떠서 만든 글자

파피루스는 이집트 나일강 양쪽 언덕을 따라 펼쳐진 늪지대에서 자라는 식물로 만든 종이야. 영어의 페이퍼(paper), 독일어의 파피르(papier), 프랑스어의 파피에(papier), 러시아어의 파프카(papka)는 모두 종이라는 뜻으로, 파피루스에서 유래한 단어란다.

중국의 채륜은 세계에서 처음으로 종이를 발명했어.
기원후 105년 후한의 채륜이 나무껍질, 마, 넝마, 헌 어망 등을 원료로 종이를 만들었어.
같은 시기 서양에서는 양피지를 사용했어. 양피지는 소, 양, 염소 등의 가죽을 벗겨서 종이처럼 만든 것인데 비싸고 부피가 크고 무거웠단다.
종이가 발명되고 인쇄 기술이 발전하면서 오늘날의 종이책이 완성되었어.
요즘에는 여러 책을 한꺼번에 들고 다닐 수 있는 전자책이 나오고 있지.
책은 오래전부터 많은 사람이 만들고 읽던 지혜의 보물 상자야.
그 안에 들어 있는 보물은 지금까지도 인정받고 있단다.
사람들은 이 보물을 오래오래 간직하게 될 거야.